Ereignis

Carmen Palomo Pinel

Ereignis

FUNDACIÓN JOSÉ MANUEL LARA

Vandalia

Vandalia, 123

Primera edición: febrero, 2026

Avda. Reino Unido, 11, 1ª. 41012 Sevilla (España)

Edición al cuidado de Ignacio F. Garmendia
Diseño: Estudio Manuel Ortiz
Maquetación: Manuel Rosal

Dep. Legal: SE 45-2026
ISBN: 978-84-19132-79-6
Printed in Spain-Impreso en España

EL TEXTO
(WAS HEISST LESEN?)

C'est un fait: la poésie a un bonheur qui lui est propre, quelque drame qu'elle soit amenée à illustrer.

[Es un hecho: la poesía tiene una felicidad que le es propia, sin importar el drama que está destinada a ilustrar].

Gaston Bachelard

TACENS LOQUOR

Una palabra no puede dar cuenta del abismo
del que proviene.

Tampoco ser idéntica
a quien la ha pronunciado.

Hay, pues, soledades necesarias.

Halla cada palabra su medida de hondura
en cuánto es el silencio
que la gesta.

PARVA NAVICULA

En un texto*, Alfeno dice que el esquife es un pequeño navío.

He oído decir a un profesor muy sabio
que eso es una metáfora,
pues no puede decirse únicamente
el esquife es navío
ya que, estrictamente hablando, esto no es cierto.
En cambio, el adjetivo *parva*
permite la comparación, alienta el tropo.

Yo pienso que el esquife sí es navío
porque, dime:
–¿Existen las metáforas falsas?
–Cuando un juez falla, ¿halla o se equivoca?
–¿No hay hallazgo en todo error
y error en todo hallazgo?
–¿Es metáfora la misma palabra
repetida
en momentos distintos
por la misma persona?

Todo es cuestión de ojos:
el esquife es navío
tanto como es un hálito de Júpiter,
un hibisco tentado a la luminiscencia,
un adentrarse en sí.

Un relato enroscado en los pechos del aire.

---

* D. 21.2.44 Alf. 2 *dig. a Paulo epit.*

El problema es que no nos damos cuenta,
no advertimos estas ligaduras, estos idilios mudos
entre cosas dispares,
estas cópulas celestes y mestizas.

Porque estamos ciegos para la magia del mundo.

El problema es que no vemos
que entre las causas remotas del esquife
están el sol, la fotosíntesis,
las venas de la luna,
los lunares de Venus.

Pues nada está –no puede– nunca
solo.

La soledad no es más que una entelequia
(aunque a veces se sienta como lo más real,
como un dolor que transverbera todo).

No vemos
que el sonido es sonido solo por el silencio.
Que lo uno y lo múltiple,
que la daga y la herida,
que la flor y la hipérbole,
que el cometa y la indeterminación.

Y que el Padre y el Hijo y el Espíritu Santo.

Por ejemplo,
vamos a tomar algo en la mano
como si tal cosa,

lo que sea:
un beso hipertrofiado, un gas muy tímido,
la inestabilidad, un alfiler.

Para que exista,
tantas cosas minúsculas han tenido a su vez que darse a luz.
Un granito de ser, apenas un gramito,
y de ahí ya todo…
¡BANG!

Y luego, la teoría de la evolución de las especies
(qué privilegio, qué gracia, qué hermosura
ser hermana remota del martín pescador,
del petirrojo de pecho incandescente).

Tal cosa, cualquier cosa:
todo ha sido su causa, de todo será
efecto. Metáforas afectas
auscultando la charla de los días.

Cada cosa pregunta a las otras *a qué vienes,*
cada una tiene algo que ver con su destino
y con su azar.

Así, hado y azar llegan a confundirse
(la providencia es un hermosísimo accidente).

Pero a veces –y esto es un gran misterio–
mi esquife y el hibisco
mueren juntos
en lugares a vidas de distancia.

Nadie entiende por qué.

Estamos sordos y ciegos para la magia del mundo.

El esquife es un pequeño navío.
El esquife es una pequeña impertinencia.
El esquife es una pequeña devastación.

ESSAI SUR LE DON

Y por más que insisto en el poema artefacto,
en la artificialidad del yo lírico,
en la dureza del yo lítico,
en la congelación del yo lívido,
en la suciedad del yo límpido,
sé
que quien penetra en estas líneas
se lleva un trozo de mis desperfectos;
se lleva algo indecible e indeciso,
a veces indecente: lo que
revolotea. Alma lo llaman.

Eso.

Pues nada en la ficción
es ficticio.

DECLARACIÓN DE INTENCIONES

¿Una poética?
Más bien la multiplicidad del mundo.

UN CUADERNO MUY LINDO

Tengo el vacío en mis manos.

Mis poemas más bellos no pueden encontrarse:
los escribí en el corazón de Dios.

Ojalá que algún día puedas leerlos.

CRÍTICA TEXTUAL

Ni biografía, ni psicología,
ni historia de las formas o corrientes sociales.

Nada lo explica, nada lo reduce.

El poema verdadero jamás tiene pasado.

Solo acontece: *Ereignis.*

Es ceremonia inaugural
de una felicidad desconocida.

TALLER DE POESÍA

¿Puede el fogonazo ser un proyecto?

UN HIJO

Tú que lees estas líneas
las estas escribiendo,
pues leer
es crear.

Yo solo he propiciado tu aparecer lector,
tu íntima hagiografía: eres tú quien me hace,
quien me escribe al leerme.

Ahora estoy naciendo.

Y también yo te creo
lector
cuando te escribo.

Un poema es un beso que salva dos distancias,
un vástago engendrado de cópula imposible
diferida en el tiempo.

El poema verdadero no este que yo escribo
ni es ese que tú lees, sino otro muy otro,
engendrado por ambos,
que está siempre más lejos
y no vemos
y vive.

QUIJOTESCA

Locura es simplemente
el haber visto.

IDEALISMO VS. REALISMO (O VICEVERSA)

¿En qué mar hay más mar?
¿En este mar que escribo en el poema
o en el poema escrito que es el mar?

OMNIS DEFINITIO IN IURE CIVILI PERICULOSA EST
(IAV.11 *EPIST.* D. 50.17.202)

Interpretar es poner límites:

«Toda definición en derecho civil es peligrosa»

¿Será segura entonces / la definición / en derecho incivil?
¿En el derecho de los árboles / las rosas / y la imaginación no ciudadana?

¿No está, nos dijo
Hölderlin, la salvación en el peligro?

Wo aber Gefahr ist, wächst
das Rettende auch.

(Friedrich Hölderlin, *Patmos*)

Aber = «pero»

–«Pero» es la palabra favorita de la sospecha
–«Pero» es la palabra favorita de la esperanza
–Siempre hay algún «pero», una rendija para Lo Inesperado
–Yo espero
–«La esperanza es una niña pequeña» (C. Péguy)
–Yo creo que es una mujer muy anciana que aún se atreve

Interpretar es
buscar el infinito

∞

QUÉ SUERTE

Bienaventurados los que sesean,
pues, para ellos, la cima es una sima
y viceversa.

CATACRESIS

Se trata de exiliados sin un país de origen, metáforas
apátridas.
De seres designados por el nombre de otros, pues para ellos
no hay uno.

¿Qué nos llevó a no dar consistencia
ni entidad sustantiva
al brazo del sillón, la pata de la mesa, la hoja de la espada?
¿Por qué decimos *cabeza de alfiler* y no
cabeza de montaña, por qué
solo esta se mereció una cima?
¿Acaso el alfiler existe menos?
¿Acaso nuestros modos se le imponen
inexorablemente
–categorías fatuas, caprichosas–?

Dientes de llave, quiero deciros cuán importantes sois.
Vosotros, a quienes nada importa la importancia,
que no tenéis un nombre
propio, sino una referencia
a nuestra mordedura de la felicidad,
vosotros
sois esenciales en vuestro anonimato,
porque sabéis, porque podéis
llevarme a casa.
Qué hay más grande que eso.

También yo quisiera no tener nombre
mío (qué difícil). ¿Quién ha estado
a la altura
del humano dolor, de ese ojo

de cíclope infinito?
¿Quién se ha llamado nadie y lo ha vencido?
¿Quién ha tenido
la audacia humilde de bautizarse nadie?

Quiero ser otro. Que mi nombre sea otro,
de otro. Que quien me diga
diga animales,
tiempos, universos. Mas no a mí.

Que otro se diga en mí y yo le diga a otro,
el cuerpo conmovido:
la mejor parte de mí
eres tú,
la única que no duele,
la más bella.

Poder llamarme tú.

Aprender a borrarme. No tener
nada mío,
ni siquiera mi nombre. Hacer
de su vacío
un hogar para el resto de los nombres.
Ser pura catacresis.

Y que en esa pobreza del decirme
todo lo recibido
me sea un don.

CANTAR DE GESTA

Ceder el último pedazo, acordarse
de llamar, sonreír con los ojos:
esas son las batallas decisivas
de la Historia.

SEYO OCÉANO
(IAV. 11 *EPIST.* D. 36.1.48)

Informa Javoleno Prisco, jurista insigne
y miembro del *concilium* de Trajano, en el undécimo
libro de sus *epistulae*,
del asunto de Seyo Saturnino, almirante
de la flota *Britannica*, que encargó en testamento
al fiduciario, Valerio Máximo, capitán
de trirreme, que entregara el caudal a su heredero,
Seyo Océano,
cuando este cumpliera dieciséis.

Planteó el caso ciertas dificultades
al jurista, ya que el joven Océano
murió antes de esa edad. ¿A quién
corresponderán los bienes?

Mis ojos encendidos se separan del texto.

Seyo Océano.

El almirante quiso llamar a su hijo
Seyo Océano.

Quiso darle en su nombre todo el mar.
Espumosa palabra, salitre sustantivo, fortaleza
de todos los marinos devorados.
La blancura infinita del azul.

Me tumbo a imaginar su testamento. Ya no puedo estudiar.

Sé muchas aguas,
sé muchas algas
(yo conozco, tú eres).
Ten sed, ten mucha sed
para no morir nunca.

¿Es posible permanecer en la orilla
sin suplicar la aparición de un barco?
¿Es humano no desear
que algo quiebre la bisectriz del horizonte?
¿Lograrás, hijo mío, saber la superficie
del asombroso piélago
como el lomo de un pez desmesurado?
Si despertara
elevándose,
si dejara vacías
las cuencas de los ojos de la tierra.
Imagínalo volando por el cielo,
retando nuestras velas,
abatiéndonos.

Témelo,
pues solo lo que amamos
puede matarnos verdaderamente.

El faro es una estrella derribada,
el coletazo airado de una sierpe marina.
El faro es un lucero de tierra.
Tu nombre es una estrella de mar,
un pequeño consejo de los dioses.
Debes volver

y en el mar no hay caminos.
El mar es un gran ojo que testifica.

Yo soy hijo del mar,
yo soy padre del mar.
Te enseñaré una canción que enciende fuegos fatuos,
ellos podrán guiarte.
Llámalos como yo.
Interpreta las olas como un modo
de estibar el futuro:
ases de guía
los órganos externos de un navío,
vísceras alumbradas
que te hablan de mi amor,
de su firmeza,
de su mistral constancia.

¿Qué podría dejarte?

Tu nombre es un incendio en la lengua del mar.

Sobre la página de mi libro
hay arena y caracolas y un resplandor inesperado.

Seyo Saturnino, almirante de la flota *Britannica*,
quiso llamar a su hijo Seyo Océano.

POESÍA

Parecen palabras,
pero están llenas de silencio.

LECCIÓN DE HISTORIA UNIVERSAL

Hemos logrado tantas cosas.

Hemos domado el fuego, alcanzado la luna.

Hemos auscultado el mundo con nuestros ojos merodeadores, con las videntes manos. Le hemos puesto gasas y catéteres de expectativas y un *bypass* a la germinación.

Hemos hecho poemas para irrigar *la tierra baldía* (*con tres heridas, tres*, y *cuatro columnas de cieno que chapotean las aguas podridas*, porque a pesar de saber que *en tierra en humo en polvo en sombra en nada*, y a pesar de y de, *la más honda verdad es la alegría*).

Metódicamente hemos dudado, y hemos deconstruido y falsado, y también sido falsos. Polinómicamente hemos descompuesto e igualado, y ajustado las fórmulas, los moles, buscado la fusión (con todo) y la fisión (de todo). Entendido. Ignorado. Destruido.

Hemos creído que el nombre de Dios habitaba en las montañas.

Hemos hecho música. Y silencio. Y 4'33", John Cage, música que es silencio (porque todo silencio es el eco de una polifonía, o su sombra).

Hasta milagros hemos hecho: pan y vino.

Y hemos hecho la guerra, el ruido, nos hemos roto, no entraba suficiente luz ni suficiente aire, teníamos que rompernos, el dolor truena y nosotros –antes silbos y flautas traveseras– queríamos, errábamos, ya no sabemos nada, pero cuánto lloramos, pero cuánto volvemos a matar.

Hemos mirado a las estrellas como añorando un útero.

Hemos querido enterrar a nuestros muertos, confiando en que lo bello no es inútil.

Todo esto que hemos hecho, y lo que vendrá siempre, no han sido sino modos, más torpes o acertados, de implorar el amor.

SUPERPODERES DE LA FUNCIÓN POÉTICA

Crear una

distancia,

un

(*quasar, alebrije, rendición*)

extrañamiento

buscando la palabra no esperada,
que permite
amasar la rareza que brota del lenguaje
disolviendo la acedia.

Entregarnos un mundo medido, y aún ignoto.
Recrear la manzana, el río, la morrena,
al nombrarlos *satélite, bucéfalo, designio.*

En lo inventado,
renovar nuestros votos de amor a lo real.

Mantenernos con vida.

SÍMBOLOS

Si perdiéramos el hilo racional
que cose metonimias y metáforas
–la razón juguetona, la razón costurera–,
¿de qué hablarían los textos?

La uva eterna, imperforada, sus ojos múltiples
derramados al día, barbacana impaciente, cocción
del sueño que bucea, continencia
bellísima de los aljibes y de ilativas pléyades.
¿Lo entendemos?

Y aun así, deseamos lo otro, lo intocado.
Que por la grieta de la razón se infiltre
salivada, lasciva,
la lengua del misterio
(siempre la salvación viene de fuera).

Porque vemos su forma, su extensión,
mas tenemos de antiguo la sospecha
de que se guardan algo:
lo esencial.

Porque todas las cosas meditan en su fondo
una lumbre.

ἰοίην

Si, como dice Ulpiano comentando a Sabino*,
nam et pars fundi fundus recte appellatur
(puede llamarse *fundo* a una parte del fundo),
me pregunto
si también un fragmento de poema
es un poema.

Pienso, concretamente, en *ἰοίην*,
el único fragmento transmitido
del poema 182
de Safo.

ἰοίην: optativo, expresión de deseo.

Ahora lo veo nítido. Se trata de un poema
ya completo, perfecto,
escrito a muchas manos:
por Safo, por la pérdida, por el tiempo,
por mí.

Safo prendió una lumbre: querer ir más allá
de sí, de allí, de todo.

El tiempo se llevó el resto del poema.
Hizo un poema nuevo con la carencia, el hueco,
las palabras faltantes y el verbo poderoso
que sí permaneció.

Lo desnudó de túnicas que acaso no servían.

---

* D. 30.34.15 Ulp. 21 *ad Sab.*

Pues gran misterio es la palabra

sola.

Yo lo escribí también. Mi ~~lectura~~ escritura
amorosa, invisible:
¿qué excederme
es el mío? ¿Hacia dónde? ¿Por qué?
¿Más allá de mi carne en la carne de otros?
¿Más fuera de mi carmen en el nombre de otros?

¿Debe todo *ἰοίην* volcarse hacia el futuro?
¿Puede ir hacia el pasado?
¿Es esperanza pura? ¿Deseo
nada más?

Safo, hermana, cometa, yo soy un más allá
de tantos *ἰοίην* en los que has trascendido,
tan solo uno de tantos,

ἰοίην son mis manos,
ἰοίην es mi sueño,
yo soy prolongación
que se dilatará en quienes me lean.

Y tú también en ellos, *ἰοίην*.

DIFFÉRENCE

No hay luz que brille más
que aquella que está a punto de extinguirse,

aunque se esté apagando,
aunque alumbre tan poco.

En ninguna es mayor el contraste con lo oscuro.

Pues jamás se ama tanto la vida
como antes de morir.

Porque el paso del ser –aunque tan tímido–
al no ser (o viceversa)
es un salto infinito,

es el único tropo verdadero:

un tiempo a punto de,
un canto al borde de,
un brillo casi.

CARTA A TODAS LAS COSAS DE ESTE MUNDO

Queridas cosas:

Quiero pediros perdón una por una.

Cogeros suavemente,
acariciaros hasta que os durmáis
con descuido y verdor en mi regazo.

Perdón, porque mi corazón no puede conteneros.
Es pequeño para vuestra furia y vuestro brillo.

No puede salvaros de la consumición, ni está en su poder
la pervivencia de la luz que os nutre.

Yo os amo, os amo tanto, pero no soy el Dios
que pueda rescataros.

Mi forma de amor es consumirme con vosotras, en vosotras.
Ser vuestra hermana en la fragilidad. Decirme en ella.

Llevo gracias y lilas en la frente por vuestra
  mansedumbre,
que es escuela admirable.
He plegado mi sonrisa al mandato de ser, según vuestra
  enseñanza.

Os doy las gracias. Me despido. Adiós.
Nuestro tiempo es un óbolo que rueda hacia la noche.

Espero reencontraros
allá donde el destello no perezca.

ANTES DE QUE LLEGARAIS

y posarais los ojos.

Era una criatura escurridiza, una babosa
de plata. Era algo así como la piel
de la hermosura. O la hermosura.
Había cogido mi corazón. Jugaba con él
a las revelaciones.

Os juro que aquí estaba. En el poema.

EL ACONTECIMIENTO

Lass dir Alles geschehn: Schönheit und Schrecken.

[Deja que todo te suceda: la belleza y el horror].

RAINER MARIA RILKE

ESCORPIÓN

El mal es triste.
Cuando el aguijón hiende,
solo intenta
relevar una ausencia que percibe en la carne.

Colmar algún vacío.

DIES IRAE

Hoy es el fin del mundo.

Nos duele la raíz, metástasis de origen.

Digo: ojalá la nieve.
Ojalá la memoria de algo puro.

La lechuza, sin ojos amarillos,
alza su vuelo, sí, al atardecer,
mas no comprende nada.

Grita.
Me inyecta el miedo de no volver a amar.

Un cielo acrílico, pues ya
toda cosa es frontera de la muerte.

Echo tanto de menos a mi madre.

¿Alguien que no conozco habrá guardado para mí
un tesoro?
¿Alguien que no conozco habrá cuidado para mí
una orquídea?

Mira mis manos, su pobreza, sus omisiones
lúcidas, todo el bien que pudieron hacer
y no quisieron. Compadécete
de su almena y su errancia, de su irredento
empeño de injertar
alas
a las lombrices.

Estoy sola. Ahora
puedo decirlo: nunca supe vivir.

Echo tanto de menos a mi madre.

Veo el tiempo desde todos sus lados,
lo que queda de él.

Imposible distinguir una metáfora de una mentira.

Hoy es el fin del mundo.

Solo quiero un amigo.

CONSTRUCTIVISMO

Es muy fácil imaginar la hipótesis
de un mundo sin sentido, o con sentidos múltiples,
en el que le otorgamos significado a todo
y las armas son pálpitos,
y la lluvia interpreta
mosquitos
y dice que son hélices;
genocidios, y dice que son mieses.

Es sencillo decir que nada importa
la verdad,
si es que tal cosa existe.

Parece fácil inventar relatos,
gramáticas, sintaxis, asombrarios.
Parece fácil, incluso divertido
jugar
con la vida y la muerte
a las muñecas,
cambiarles la ropita, diseñar, pretender
que es fantasía nuestra la existencia del mundo.

El problema es que ya estamos aquí.
Que eso nos duele.

Que amamos fieramente
y que morimos.

PRIMERA CITA

Te engendró qué tormenta.
Te otorgó la pureza qué dolor.
Te hizo pobre qué amor o qué abandono.
Cuál es tu relación con los cerezos
y con el infinito.
Quién embebió tus lágrimas.
Quién no embebió tus lágrimas.
Dónde se domicilian tus cosquillas.
Cómo distraes el miedo de morir.
Qué piensas del grafeno y las perseidas.
Cómo te afecta la clave de sol.
Aqueos o troyanos, con quiénes te alistaste.
De haber sido tú Ulises, si hubieras vuelto
o no.
Qué habrías hecho tú para calmar
la cólera de Aquiles, el de los pies ligeros.
Tus propios pies, con qué misericordias te los limpias.
Cómo trepas, buceas, desentonas.
Cómo conspiras para que todo arda.
Te amó qué tiempo nunca conocido.
La lengua de las rosas, cómo la dominaste.
Cómo tu sangre evoca su propósito,
cómo husmeas la luz.

Respóndeme deprisa.
La vida, larga o breve, es siempre breve.
No demores un tiempo para amar.

AGRADECIMIENTOS

Gracias por el fracaso que me hace ser quien soy,
porque acogí la herida, confiando
en que sabrá cantar,
en que podré enseñarle.

Quedo obligada por toda esta indigencia,
por ser el animal más desvalido,
uno que puede así
necesitar del otro. Qué ventura.

¿Examen de piano? Llega el temblor de dedos.
Mi espejo sabe bien que no me llamo Dorian.
Moho en el pan.
No llegué ni siquiera a finalista.
Quise ser un epígono del fuego
y no fui ni rescoldo en la pavesa.

Quedo endeudada con quien me dio la espalda,
con el que no me amó.

Gracias. Gracias. Mil gracias (*derramando*[*]).

Caer es coronar
una cumbre hacia dentro.

---

* *pasó por estos sotos con presura.*

VISITACIÓN

Reconocemos la belleza
porque, al verla,
se nos remueve dentro,
como el niño en el vientre de Isabel,
esa otra belleza
que somos y olvidamos.

La amamos por connaturalidad.

PROVENZAL

Amo el pudor porque amo el secreto.

Moriría
si no esperara siempre algo asombroso
(vale todo: centauros, ajolotes,
niños, manos tendidas, avellanas).
Un prodigio feliz
aproximándose.

Porque amo la sorpresa amo los velos.

Lo inesperado
tan solo le acontece a quien espera.

¿Son reales las rosas? Solo las del futuro.
El secreto secreto de la rosa es

el vacío.

El de la margarita,
que no, que no te quiere.
¿O sí?

No le quites sus pétalos, no sea que te aterres.

Tú mejor háblale en lengua de Oc.
Dile tu amor cortés.

EXCAVADORA

La belleza no es hilo que sutura la herida:
la belleza la inflige.

La belleza no es manta que nos cubre la piel:
la belleza la rasga.

La belleza no es luz que ilumina este pozo:
la belleza lo abre.

Crea cavernas donde no existían.

El agua sube.

ESPONSALES

Al hombre cuyos ojos ardieran en noches de inutilidad sobre los libros, a la busca de algo que nunca tuvo nombre, yo lo amaría.

Si, mientras estuviera reparando una silla u otro enser cotidiano, Gabriel se apareciera y le dijera *hoy es tu fin, porque es el fin del mundo,* y lo creyera, y por ese motivo bregase mucho más (siempre serenamente), y siguiera encolando con mimo la madera en la que nadie habría de sentarse nunca, yo lo amaría.

Si ese hombre pudiera ver de un golpe la imperfección del mundo y, a pesar de ello, amarlo todavía apasionadamente, también yo lo amaría.

A ese que comprendiera las diferentes texturas del silencio, sus matices –qué distintos el nuestro y el del gato–; que el silencio de Dios es su hacer ruido, le daría mi voz y mis oídos, piruletas de música, adagios de limón.

Sabe estar solo y sabe no estar solo, y percibe en la piedra no tan solo la casa, en la semilla no tan solo el nogal o su madera, sino el Mar Rojo abierto, la sordera de Ludwig van Beethoven, Lisboa, el viento, el caracolear, pasos en la escalera, volveré, estoy volviendo siempre, pues Grecia es una gracia. Todo lo que aparentemente no está allí. A ese lo amaré.

Amaré sus pasos que no hicieron camino, su relato sin verbos.

Me conmuevo ante lo que no es herramienta ni signo.
Tiemblo ante lo que solo es presencia.

RAZONES PARA VIVIR / RAZONES PARA MORIR

–El agua que desciende por las hojas, temblando de belleza insumergible.

–El tiempo. Su chisporroteo en mis pestañas. La discusión entre Bergson y Einstein. El tiempo como un fondo que nos nace, nos permite existir y nos segmenta.

–Arrugándose, mis manos. Mis manos caminando hacia las manos de mi abuela.

–Las manos de mi abuela caminando hacia el techo del mundo no alcanzado. ¿Me acaricias el pelo, como entonces?

–La imposibilidad de interpretar.

–La ternura entre niños (cumpleaños, disfraces) imprimando la fotografía.

–¿Me acaricias el pelo?

–El Retiro en octubre.

–Pájaros como amores que no se van (ni vuelven).

–Sinalefas, metáforas, cadenas. Todo aquello que une.

–Estar sola en mitad de lo que une.

–Esta vida. Esta muerte.

–El sí. El no.

CONSTANTE GRAVITACIONAL

Las hojas en otoño.
La sustancia más densa en la disolución.
La traición del amigo.
La lluvia torrencial.
Los colosos gemelos el 11 de septiembre.

Los amantes infieles.
Los envases de plástico viniéndoseme encima
al abrir la alacena. El alcoholismo.
La prevaricación
del magistrado que se decía impoluto.

El dolor persistente de crecer.
La inocencia perdida.

La manzana de Newton.
La canica rodando sobre un plano inclinado.
Don Quijote en el suelo tras embestir molinos.

La aguja desplomada al arder Notre Dame
y Marco Junio Bruto en los idus de marzo
escuchando de César
tu quoque, fili mi?

El viaducto Morandi.
Un meteorito.

Judas.
Tú. Yo.

Tú y yo.

Todo lo que ha caído
lleva en sí la noticia de lo alto.

IDENTIDAD

Somos nuestros deseos.

Quiero vivir al fondo de la velocidad
y besar a Catulo mil y cien y mil libros.
Quiero volver a verte.
Quiero estrechar tu voz.

Somos nuestro pasado.

Mi abuela cocinaba estofado de nube.
Mi abuelo echaba el cierre de la fábrica.
Entonces yo tocaba
una gran soledad en mi piano.

Somos nuestros amores.

Me conquista el aroma de todo lo que huye.
Con qué ojos de otro mundo fui mirada.
Dónde colgué mi piel
justo antes de la noche que fue noche.

Somos nuestra materia.

Pulmón y rayo, médulas
que han ardido, en mi pequeño (o)caso,
con más pena que gloria,
pero que, aun así, aman,
amaron siempre
y seguirán amando.

Carne y sangre incendiadas del rostro de vivir.

Somos nuestras preguntas.

¿Tiene lo bello un fin, en su doble sentido?
¿Por qué hay algo y no nada?
¿Por qué algo *es casi siempre*
un algo *que nos duele?*
¿Es algo *un tú? ¿Un* Tú?

Somos nuestras promesas.

Volveré, te lo digo.
Serás. Tendrás mis manos.

Somos lo que sabemos.

Compuestos y algoritmos. La hipótesis
de cuerdas.
Bluhme y su teoría de las masas.
Nuestra sed infinita. Nuestra mortalidad.

Mas, sobre todo, somos
eso que
de nosotros

no sabemos.

PLATÓNICA

Toda rosa no es más que pareidolia
torpe
de esa otra rosa
que no veremos nunca,
la que al descomponerse
está naciendo.

Esa que no alcanzamos a decir.

LEGISLACIÓN CADUCARIA

Todo se está muriendo
porque yo estoy muriendo.

FEÉRICA

–¿Por qué no existen las hadas
y hacen casa en el llanto de los recién nacidos
o remiendan
con el cordón umbilical
la futura distancia con sus madres?

Ellas, que son la música
(o esa desolación que queda tras la música).

No son vestales custodiando el fuego,
porque ellas son
el fuego.

¿Por qué no taponan las heridas de guerra, las heridas de amor, las heridas de literatura,
ellas que pueden?

O, más bien, que podrían (si existieran).

¿Por qué no rectifican lo torcido, tuercen lo recto, se divierten
arrojándose por el tobogán de lo curvo?

Que se corten las alas, que hagan gasas y vendas con sus alas,
gases nobles, vendimias.

Que se aprendan la tierra de los hombres.

Que esperen en los contenedores a escondidas
y al bajar la basura

nos reciban con muecas y carámbanos, pequeñas
divergencias
que nos abran la risa,
y aliagas dancen entre los desechos.

Aún mejor: que interpreten el mar,
el mal,
el más
allá de todo,

y nos libren, cosquilleando el oído,
(doncellas hermeneutas)
de este agudo dolor del desconocimiento.

Que sean letra y consuelo, *hybris* y proporción.

–¿Por qué no existen las hadas?
(me preguntaron las hadas).

SALMO 51

Un corazón puro se siente a ratos el centro de la fiesta
porque se olvida de la fiesta, y baila
como bailaba el sol en la primera noche.

Un corazón puro salva el mundo,
no vale nada,
es dedo
que apunta siempre a otros.

Es la mera deixis.

Cose una capa de invisibilidad
con los jirones sucios de una infancia doliente.

Quiere que la proximidad de la muerte le embellezca.

Quiere acabarse
en la espesura alada de las cosas.

A veces, en medio de la fiesta, se queda quieto y piensa,
ha recordado
la crispadura de no comprender todo,

o se ha llenado de delicadeza.

A veces le preguntan *qué te pasa*.

–Nada,

solo que he visto a ráfagas
la indigencia del mundo.

Solo que amo las cosas
de un modo en que las cosas
no me amarán jamás.

DO UT DES

Daría la corona de Saturno
y la extinción de un animal bellísimo,
las relaciones de la termodinámica
de Maxwell, la perla peregrina.

Que me amaran los cielos y la tierra,
que me quisiera al fin
todo el que no me ha amado.

Daría toda entera la Pasión
según san Mateo y según Bach,
y mis ojos, y todo lo que han visto
y lo que no, más todo lo entrevisto
por Rogier van der Weyden
en su sabio ascender al descender.

Entregaría todo
lo bueno, bello y santo de este mundo.

Todo, para no ver sufrir
nunca más a mi hijo.

TEARS IN RAIN

El androide lloraba por la pérdida
de la belleza vista, por el recuerdo
que va a parar a nada, por el yo
que se extingue.

Yo voy más lejos.

Yo lloro por aquello que nunca ha sido visto,
por lo que está abrasándose
más allá de más allá de Orión
sin Roy Batty que pueda contemplarlo.

PIAZZA DEI MIRACOLI

¿Qué hacen estos muros
con mi tristeza caminante? ¿Para qué me la quieren?
¿Cómo saben que busco la intimidad creyente del
orégano?

Entro en la catedral.
Mis córneas contaminan el labrado del púlpito.
Mi estupor aletea,
asciende dando

bos
tum
bos
tum

Hace nido en el artesonado del techo,
desde lo alto me mira,
devela mi pasado, debela mi pasado,
busca lo que dejé.

La criatura que está sola en el banco
tiene los ojos sáharas,
cual si hubiera soñado con el sol
y al despertar se hallara
aún ciega en la vigilia.

Pues brilló de aquel modo.

Te evoco, te dedico todo lo que contemplo.
Te consagro el silencio,
te brindo esta belleza.

¿Es bálsamo en la herida
o la hace más profunda?
¿La ahonda
en lo fugaz de su ignición?

Quien sufre
siente necesidad de acariciarla
ávidamente

o de escapar de ella.

¿Cuántos de los que están llegan así,
lloran en la bancada del transepto
con la mano avizor,
con la comprensión del mundo hecha pedazos?

Bienvenida a la *Piazza dei miracoli.*
¿Cuáles son los milagros que esperamos?

Yo oro:

Que mi pupila salga de mí y, exenta de mi ojo,
esté en lo otro.

Que lo observado me sea epifanía y no inventario.

Yo plata: siempre algo más discreta.

Como la torre –qué elocuente maestra–
aprender a inclinarme, pero nunca

del todo,
no caer
ante lo que acaricia para luego marcharse,
ante estas manos
que hacen de su carnalidad
parte alícuota y cierta de la muerte.

Mis pupilas se agrietan, un fantasma
entra y sale por ellas:
la luz, la forma, el ábside,
el color,

el vacío.

Esta necesidad de ser salvada.

¿Cuáles son los milagros que esperamos?
¿Cuáles espero yo?

Todo: la piedra blanca, el fresco en las paredes,
todo es para la cruz, todo es su marco.
La belleza triunfante
apuntando, sirviendo
a esa otra belleza
destrozada.

¿Qué hace bello lo bello?
¿Es la armonía o la desproporción?
¿Lo repetido? ¿Lo nunca previsible?
¿O quizás el querer con que se entrega, su mero
estar-ahí, su puro don?

¿Dónde hay más hermosura:
en el rostro arrasado por amor
o en la luz esplendente?

Allí, al fondo, el sagrario:
¿no es la presencia
eso que no se puede definir?
¿no son su opuesto
las explicaciones?

Nadie ve cómo luchan y al final
se confunden
el ángel de la muerte
y el de la compasión.

La belleza
salvará el mundo
o lo destrozará.

Esta tarde en la *Piazza dei miracoli*
yo no sé bien cuál es la diferencia.

LIMPIAR PESCADO

Hoy cenamos pescado.
Mi cuchillo inaugura una recta exquisita
sobre el vientre animal,
ofrenda en sacrificio para aquellos que amo
(así, todo en cocina).

El estómago abierto. En él:

–Trozos duros de plástico.
–Miradas que un ahogado guardó allí
justo antes de su muerte.
–El verdadero nombre del capitán Nemo.
–Palabras que escuché durante el día: ese dolor
que arranca de lo humano y crea bestias.
–El temblor de mis manos al cortar.
–El asco, la tristeza
al cortarme y cortar.
–Restos de otros pequeños peces devorados.
–El ciclo de la vida, tanta oblación en él.
–¿Podría todo ser de otra manera?, ¿podríamos comer sin destruir?
–No entiendo, no lo entiendo, no lo entiendo.
–Señor, guarda un trozo de gloria para el pez
que muere por mis hijos. Guarda un lugar para los otros peces
disueltos en los ácidos del pez.
–Añoro tanto tanto la imagen de mi abuela
rebozando pescado. Me duele
hasta la espina, hasta las branquias.
–*¡Aún dicen que el pescado es caro!* Joaquín Sorolla. Óleo sobre lienzo.

–Según el Informe Mundial sobre Crisis Alimentarias,
281,6 millones de personas sufrieron hambre aguda en 2023.
Y vamos en aumento.

Intento sacar todo muy deprisa. Limpiar. Lavar.
Otorgar la bendición del grifo.
Fundar un mundo nuevo en esas vísceras.
Rellenar el espacio de la entraña vacía
con:
–El rumor del mar.
–El rumor de los sueños del hombre que sueña con el mar.
–Belleza en blanco roto
de la pintura de las barcas viejas, su deterioro
en lenta invocación a la nostalgia.
–El sabor de la palabra cereza.
–El asombro en la primera playa vislumbrando el concepto de infinito.
–El mar color de vino, el ponto
que nos funda.
–¡Esperar!
–Lo tejió y destejió todo Penélope, menos su corazón.
–Aquellos flotadores que aún recuerdo: cabecitas de mono y de hipopótamo.
–Aquel verano fuimos tan felices.
–Eso es mucho, eso es tanto.
–Porque toda belleza nos promete un principio.

Se me cuela una lágrima. Lo siento.

Termino rápido: sal, harina y huevo.
Luego, freír en abundante aceite.

Niños, venid ya mismo, que se enfría.

LO MINÚSCULO

Es ist nichts so klein und wenig,
woran man sich nicht begeistern könnte.

[No hay nada tan pequeño e insignificante
que no pueda entusiasmar].

FRIEDRICH HÖLDERLIN

EJERCICIO DE PODER

Y me da por buscar en lo más frágil
–en la rosa, en el pájaro, en la lágrima–
aquello que no puede ser destruido.

OPULENCIA

No teníamos más
que el canto de los grillos.

Pero era suficiente.

NO LE TOQUES YA MÁS...

Cuando atrapo un insecto, en él
mueren mis ojos.

Cuando lo dejo libre,
se los lleva volando al fin del mundo.

ESPEJO

A lo más bajo.
Inclina la cabeza y la mirada.

Siempre pueden los ojos
en los charcos de orín
darse cita de amor con las estrellas.

REFLEJÁNDOTE

Al pasar junto al fuego,
junto al agua
o la rosa,

junto a ti.

Ese es mi anhelo:
brillar por un momento
en la caída.

DÍPTICO NAVIDEÑO

I. Árbol de Navidad

En la complejidad
cuelgo, muy tímida,
una estrella.

II. Reyes Magos

La magia tiene que ver muy poco con la magia.
Mucho con la presencia.

¿QUÉ SERÁ, SERÁ?

algo canta en el agua y no es el agua
algo canta en la flor y no es la flor
algo canta en el canto

y no es el canto

) para ese algo tan solo
quiero tener oídos (

∄

Inexistencias varias,
con qué rotundidad
os he amado.

MANUAL DE INSTRUCCIONES

Vivir solo es buscar
eso desconocido
que perdimos.

CON INSISTENCIA

Mirar muy fijamente la piedra
para encontrar en su interior la rosa.
Mirar muy fijamente la rosa
para encontrar en su interior el niño.
Mirar muy fijamente al niño
para encontrar en su interior el pozo.
Mirar muy fijamente el pozo
para encontrar en su interior el cielo.

Mirar muy fijamente el cielo
para encontrar en su interior
el cielo.

UN TEMPLO

Sagrado es para mí
todo lo que una vez derramó lágrimas.

MIRABILIA I

Creí ver lo maravilloso:
gajos de Vía Láctea desbordantes, gozosos,
inmaculados globos
oculares de arcángeles, hipo
de las estrellas, doradas excrecencias de fotones,
cristalinas albúminas del sueño,
detonaciones en la fase REM.

Me equivoqué:
no eran más que dos lirios.

No eran menos.

MIRABILIA II
(VARIACIÓN)

Creí ver lo maravilloso,
pero eran solo dragones del decir, quimeras del estar,
copos de inflorescencia que destellan
antes de deshacerse,
arriesgadas y délficas preguntas
como antorchas de oro, mantícoras
de errancia,
irisados glaucomas en el fondo del ojo de la esfinge.

Qué decepción.

Y yo, que creí ver lo maravilloso.
Y yo, que creí que eran dos lirios.

UN MANDATO PARA SALVAR EL MUNDO

Resiste a la tormenta, pero no a la caricia.

PELUCHE OLVIDADO EN RESTAURANTE

En la primera pérdida,
de un solo golpe
lo perdemos ya
todo.

Tras ella, comprendemos
que todo abrazo
es despedida.

Por favor, apriétame muy fuerte.

IDENTIDAD (II)

Tú, tú, el infinito.
Como el único modo de no desterrarme de mí misma.

DEDICO ESTE POEMA A CUALQUIER COSA

Cantar de los cantares.
Silbar de los silbares.
Selvar de los selvares.
Juglar de los juglares.
Jungla y ría.
Mester de junglaría.
Mi amado es un leopardo.
Una mota en el lomo de un leopardo.
Una estrella de sombra en su cielo amarillo.
Una manera nueva de ser nocturnidad.
No siempre es luz la luz:
también la luz
oculta.
El ojo
se hizo isla.
Des-lumbrada pupila,
luz que priva de lumbre
y ya no ve.

He conocido al ser más bello de este mundo,
¿por dónde se volvía a lo de antes?

letraminúscula

atención, forma más delicada del amor.
escucha, forma más silenciosa del amor.
observación, forma más instruida del amor.
abajamiento, forma más invencible del amor.

Amor, forma mayúscula.

NO SÉ, NO SÉ...

Si amáramos la vida
como si la entendiéramos,
¿la amaríamos menos
o más?

DE LA EXISTENCIA COMO VOCACIÓN

Lo que convoca al ser
es siempre
alguna clase de amor.

Y DE SUS CONSECUENCIAS

Por eso,
lo que existe
aguarda.

DEL AMOR Y DEL MIEDO (PEDRO Y JUAN, O ALGO SOBRE CRUZAR LA NOCHE OSCURA)

Eran las seis y arborecía.

Madrugada. Premura. Las rodillas temblando.

Para hallar que el sepulcro está vacío
hace falta primero entrar en él.

INMENSIDADES

–El acantilado, inmenso.

–El cielo, inmenso.

–Aleph sub-0, el infinito de los números reales, inmenso.

–Aleph sub-1, el infinito de los números naturales, inmenso.

–El dolor humano, inmenso.

–Borges, inmenso.

–Marte: *Olympus mons*, inmenso.

–Mujer: monte de Venus, en su belleza inmenso.

–Roma, inmensa.

–El resplandor, el misterio, inmenso.

–Lo que nos falta aún por conocer, inmenso.

–Lo que tememos, inmenso.

–El Yang-tze, inmenso.

–El mar que me lluvia, el mar que me tormenta, inmenso.

Y yo, pensando en la pequeñez de nuestras manos.

NUNC COEPI

Cada flor es la primera flor que veo.
Cada flor es la única que existe.

CUMPLEAÑOS FELIZ

No envejecemos
si nos hace temblar de dolor o de gozo
aún lo inexplicable.

NADA DE ESTO Y TODO

No eres un templo dórico, no eres el Etna,
no eres la nota *re* ni la
partitura de *Lieder ohne worte*,
no eres
el modo mixolidio,
no eres la lluvia ácida,
no eres el verbo
ser, no eres
materia oscura ni albina
claridad.

Podrías haber sido cualquiera de estas cosas,

pero eres

extrañamente

tú.

Tan poca cosa.

Tanto.

Mas canta, hierve, suena
como eso que no eres,
como un tesoro antiguo de cosas que enmudecen
para dejarte hablar.

En su silencio eres un poco
todo.

Canta, pajarillo hermenéutico,
una incontable fiebre
en honor de la posibilidad.

MICROSCOPIO

Vemos
tan solo
lo que amamos.

TÉRMINOS INVERTIDOS

Ven, jilguero agraviado,
pájaro de ala rota,
ven a mi mano de venda hospitalaria.

Que quien salva una vida
–mejor si es muy pequeña–
salva en ella la suya.

Por eso, ven
y sálvame.

ÍNDICE

EL TEXTO *(WAS HEISST LESEN?)* 7
Tacens loquor 11
Parva navicula. 13
Essai sur le don. 17
Declaración de intenciones 19
Un cuaderno muy lindo 21
Crítica textual. 23
Taller de poesía 25
Un hijo 27
Quijotesca 29
Idealismo vs. realismo (o viceversa) 31
Omnis definitio in iure civili periculosa est 33
Qué suerte 35
Catacresis 37
Cantar de gesta 39
Seyo Océano 41
Poesía 45
Lección de historia universal 47
Superpoderes de la función poética. 49
Símbolos 51
ἰοίην 53
Différence 55

Carta a todas las cosas de este mundo 57
Antes de que llegarais 59

EL ACONTECIMIENTO 61
Escorpión 65
Dies irae 67
Constructivismo 69
Primera cita 71
Agradecimientos 73
Visitación 75
Provenzal 77
Excavadora. 79
Esponsales 81
Razones para vivir / Razones para morir 83
Constante gravitacional 85
Identidad 87
Platónica 89
Legislación caducaria 91
Feérica 93
Salmo 51 95
Do ut des. 97
Tears in rain 99
Piazza dei miracoli 101
Limpiar pescado 105

LO MINÚSCULO 109
Ejercicio de poder 113
Opulencia 115
No le toques ya más… 117
Espejo 119
Reflejándote 121
Díptico navideño 123
¿Qué será, será? 125

∄ 127
Manual de instrucciones 129
Con insistencia 131
Un templo 133
Mirabilia I 135
Mirabilia II (Variación) 137
Un mandato para salvar el mundo 139
Peluche olvidado en restaurante 141
Identidad (II) 143
Dedico este poema a cualquier cosa 145
letraminúscula 147
No sé, no sé… 149
De la existencia como vocación 151
Del amor y del miedo 153
Inmensidades 155
Nunc coepi 157
Cumpleaños feliz 159
Nada de esto y todo 161
Microscopio 163
Términos invertidos 165

Se terminó de imprimir esta edición de
Ereignis, de Carmen Palomo Pinel,
en Sevilla, el día 10 de febrero de 2026

VANDALIA
ÚLTIMOS TÍTULOS PUBLICADOS

95
Diez mil cien
Juan Marqués
X Premio Iberoamericano de Poesía Hermanos Machado

96
Vamos a perdernos
Francisco Díaz de Castro

97
Poemas impersonales
Juan Ramón Jiménez
Edición de Soledad González Ródenas

98
El cielo de abajo. La escritura del cuerpo
en trece poetas hispanoamericanas
Edición de María Alcantarilla

99
Días y trabajos
Jacobo Cortines

100
La Fuente del Encanto
Poemas de una vida (1980-2021)
Andrés Trapiello

101
Cuando el monarca espera
Javier Vela
XI Premio Iberoamericano de Poesía Hermanos Machado

102
Con un traje de luna. Diálogo de voces femeninas de la primera mitad del siglo XX
Edición de Pepa Merlo

103
La luz más quieta
Antonio Cáceres

104
Mediterráneos. Poesía 2001-2021
José Carlos Llop

105
Noche en París
Antonio Jiménez Millán
XII Premio Iberoamericano de Poesía Hermanos Machado

106
Plaza de abastos
Teresa Gómez
Prólogos de Ángeles Mora
y Juan Carlos Rodríguez

107
Tristissima noctis imago
Pere Gimferrer

108
Suite irlandesa
Antonio Rivero Taravillo

109
Flores de fuego
Victoria León

110

La ocasión y el homenaje

Felipe Benítez Reyes

XIII Premio Iberoamericano de Poesía Hermanos Machado

111

Poesía completa

Julia Uceda

Prólogo de Jacobo Cortines

112

Baladas y Odas

Juan Ramón Jiménez

Edición de Soledad González Ródenas

113

Doce lunas

Eduardo Jordá

114

Los nombres que te he dado

José Mateos

Prólogo de Vicente Gallego

115

El último poema

Juan Peña

XIV Premio Iberoamericano de Poesía Hermanos Machado

116

Himnos a los altos

Fernando Plata

Prólogo de José Luis Rey

117
Los dedos de la Aurora
Poemas del mundo clásico
Luis Alberto de Cuenca
Selección de Luis Miguel Suárez
Epílogo de Victoria León

118
La guarida inútil
Poesía reunida (1970-2024)
Álvaro Salvador
Edición de Gracia Morales

119
Cantaré mañana todavía
Antología poética (1949-2005)
Antonio Gala
Edicion de Luis Cárdenas García
y Pedro J. Plaza González

120
Los días heterónomos
Juan Bonilla
XV Premio Iberoamericano de Poesia Hermanos Machado

121
El tiempo está cambiando
Nueva poesía española
Edicion de Juan Marqués

122
Miedo
Rocío Rojas-Marcos

123
Ereignis
Carmen Palomo Pinel